BEI GRIN MACHT SICH IHR WISSEN BEZAHLT

AF145650

- Wir veröffentlichen Ihre Hausarbeit,
  Bachelor- und Masterarbeit

- Ihr eigenes eBook und Buch -
  weltweit in allen wichtigen Shops

- Verdienen Sie an jedem Verkauf

Jetzt bei www.GRIN.com hochladen
und kostenlos publizieren

Bibliografische Information der Deutschen Nationalbibliothek:

Die Deutsche Bibliothek verzeichnet diese Publikation in der Deutschen National-
bibliografie; detaillierte bibliografische Daten sind im Internet über http://dnb.d-
nb.de/ abrufbar.

Impressum:

Copyright © 2012 GRIN Verlag
Druck und Bindung: Books on Demand GmbH, Norderstedt Germany
ISBN: 9783668193499

Dieses Buch bei GRIN:

https://www.grin.com/document/319201

Anonym

Curriculare Integration arbeitsorientierter Bildung. Das Kerncurriculums BHTW 2006

GRIN Verlag

INHALTSVERZEICHNIS:

1. Einleitung

   1.1 Definitionen

   1.2 Begründung der Notwendigkeit curricularer Integration

   arbeitsorientierter Bildung...

2. Curriculare Integration arbeitsorientierter Bildung am Beispiel des

   Kerncurriculum Beruf-Haushalt-Technik-Wirtschaft (2006)

   2.1 Ausgangsproblematik und Folgen

      2.1.1   Curricula der Lehrer/Innenbildung hängen schulischen

3. Umsetzung der curricularen Integration arbeitsorientierter Bildung...

   3.1 ...am Beispiel des Curriculums des Studienganges „arbeitsorientierte

   Bildung" unter der Regie von Prof. Dr. Rolf Oberliesen

      3.1.2   Lösungsansätze Oberliesens im Curriculum des Studienganges

4. Exkurs:

   4.1 Lehnt sich die „SchuB-Maßnahme" an das Kerncurriculum

   4.2 Lehnt sich das Curriculum Arbeitslehre der Justus-Liebig-Universität

Vorwort

Diese Ausarbeitung meines Referates zum Thema „Curriculare Integration arbeitsorientierter Bildung" behandelt die Fragen, ob und warum curriculare Integration arbeitsorientierter Bildung notwendig ist und stellt Umsetzungsprobleme wie auch Problemlösungsansätze und deren Realisierung am Beispiel des Kerncurriculums Beruf-Haushalt-Technik-Wirtschaft aus dem Jahr 2006 auf der Textgrundlage „Curriculare Integration arbeitsorientierter Bildung am Beispiel „Kerncurriculum Beruf-Haushalt-Technik-Wirtschaft: Perspektive LehrerInnenbildung" von Rolf Oberliesen dar. Zunächst werden jedoch wichtige Schlüsselbegriffe definiert als Grundlage für ein vertiefendes Verständnis. Abschließend wird die curriculare Organisation aktueller Bildungsangebote der arbeitsorientierten Bildung, so wie das Schulangebot „SchuB" und der Lehramt-Studiengang Arbeitslehre der Justus-Liebig-Universität Gießen auf ihre Konformität zum Kerncurriculum BHTW 2006 untersucht.

1. Einleitung
1.1 Definitionen
1.1.1 Curriculum

Ein Curriculum orientiert sich nicht, wie etwa ein Lehrplan, nur an Lehrinhalten sondern unter Berücksichtigung von "lern- und entwicklungspsychologische Möglichkeiten der Adressaten"[1] an Lehrzielen und am Ablauf des Lehr- und Lernprozesses. Es enthält auch Aussagen über die Rahmenbedingungen, insbesondere die Organisation des Lernens.[2]

1.1.2 Kerncurriculum

Ein Kerncurriculum wird für jedes Bundesland, jede Schulstufe und jedes Unterrichtsfach von einer Expertengruppe, orientiert an den von der KMK beschlossenen Bildungsstandards, verfasst. In Kerncurricula sind fachliche-, prozessbezogene-, personale- und soziale Kompetenzen eines Bildungsganges systematisiert. Sie regeln, welche Themenbereiche inwiefern in einem Bildungsgang zu behandeln sind, also die Organisation eines Bildungsganges.

1.1.3 Kerncurriculum BHTW2006

Durch den Entwurf eines Kerncurriculum Beruf-Haushalt-Technik-Wirtschaft (BHTW) verfolgte u.a. Prof. Dr. Rolf Oberliesen im Jahr 2006 eine länderübergreifende Konsensbildung hinsichtlich der lernbereichsbezogenen Zielsetzungen, Kernkompetenzen und Kerninhalte der

---

[1] Online: http://www.duden.de/suchen/dudenonline/curriculum
[2] H.-E. Tenorth, R. Tippelt (Hrsg.): *Lexikon Pädagogik*. Weinheim 2007, 137

arbeitsorientierten Bildung. Die Notwendigkeit eines solchen kompetenzorientierten Kerncurriculums wird aus der Abweichung fachlicher Bildungsstandards zwischen den Lehrplänen auf Länderebene begründet (Lernfelder Haushalt, Technik, Wirtschaft). Curriculare Reformbemühungen sind ferner nötig, um domänenorientierte Lernbereiche durch Lernbereichsentwicklung einander zu öffnen und zu verknüpfen.[3]

Eine zentrale Aufgabe des Kerncurriculums BHTW2006 ist es, das eigene Leben und die Gesellschaft selbstbestimmt und gemeinsam mit anderen gestalten zu können. Konkret heißt dies:

„Jugendliche und Heranwachsende werden befähigt, arbeitsrelevante Lebenssituationen zu analysieren, zu bewerten und zu gestalten. Der Lernbereich unterstützt mit seiner Orientierung auf bedürfnisgerechte und sozialverantwortliche Lebensgestaltung und gesellschaftliche Teilhabe die Persönlichkeitsbildung und Mündigkeit der Jugendlichen.“ [4]

Arbeitsorientierte Bildung ist also gemäß des jeweiligen Zeitgeistes bzw. normativer Veränderungen zu interpretieren. Lebenswelt- und alltagsrelevantes Wissen ist deshalb auf die aktuellen Bedürfnisse der Domänen arbeitsorientierter Bildung auszurichten und für einen gelingenden Lernprozess zu systematisieren. Beruf, Haushalt, Technik und Wirtschaft gelten hierbei als Domänen der arbeitsorientierten Bildung, welche in Inhaltsfeldern systematisch für Lernprozesse aufzubereiten und zu verknüpfen sind.

1.1.4 Arbeitsorientierte Bildung

Arbeitsorientierte Bildung ist Allgemeinbildung, die sich an Arbeit orientiert und diese aus verschiedenen Blickwinkeln betrachtet. „Arbeitsorientierte Bildung" ist außerdem die Bezeichnung eines modularisierten Bildungsganges der Universität Bremen, welcher in enger Anlehnung an das Kerncurriculum BHTW durch Prof. Dr. Rolf Oberliesen etabliert wurde und dem Bildungsgang Arbeitslehre ähnelt. Dieser Bildungsgang befähigt jedoch neben der Lehrertätigkeit im Schulfach „Wirtschaft-Arbeit-Technik (WAT)" zur Beratertätigkeit in der freien Wirtschaft, gemäß gewählter Vertiefungsrichtungen. Diese zusätzliche Befähigung zur Erwerbsarbeit jenseits der Lehrtätigkeit ist ein wesentlicher Unterschied zum Bildungsgang Arbeitslehre. Die Säulen des Bildungsganges Arbeitsorientierte Bildung – als auch die des Begriffes „arbeitsorientierte Bildung" im weiteren Sinne – liegen in den Domänen „Arbeit und Beruf", „Haushalt", „Technik" und „Wirtschaft", welche sich auch im Kerncurriculum BHTW aus dem Jahr 2006 widerspiegeln.[5][6]

---

[3] Online: http://czenkusch.net/gatwu/documents/paper/2007_1.pdf
[4] Online: www.jsse.org/2006/2006-3/interdisziplinaere-arbeitsgruppe-bhtw
[5] Online: http://www.s-hb.de/arbeitslehre/home%20page
[6] Online: http://www.kibb.de/cps/rde/xbcr/SID-0095C1E8-02159330/kibb/HT2011_FT02_Oberliesen.pdf

1.1.5 Curriculare Integration arbeitsorientierter Bildung

Curriculare Integration arbeitsorientierter Bildung meint zum einen die Einbindung des Studienganges Arbeitsorientierte Bildung in ein Curriculum. Konkret ist dies von Prof. Dr. Rolf Oberliesen durch eine Studienordnung in Anlehnung an das Kerncurriculum BHTW umgesetzt worden. Zum anderen meint curriculare Integration arbeitsorientierter Bildung im weiteren Sinne die Vereinigung des berufs- und arbeitsbezogenen Allgemeinwissens unter dem Dach eines Kerncurriculum. Hierbei werden fachliche-, prozessbezogene-, personale- und soziale Kompetenzen in Bezug auf Beruf und Arbeit für einen Lernprozess systematisiert und domänenkategorisiert. Zielsetzung ist hierbei neben der Schaffung eines Bildungsstandards für an Arbeit und Beruf orientierte Bildungsgänge zur Qualitätssicherung auch die Schaffung von Durchlässigkeit zwischen diesen Bildungsgängen.[7][8]

1.2 Begründung der Notwendigkeit curricularer Integration arbeitsorientierter Bildung…

1.2.1 …auf der Basis empirischer historischer Belege

Das Verständnis von Arbeit als auch das Verständnis von einer Bildung zur Arbeit ist in der Menschheitsgeschichte stetig einem Wandel unterzogen. Frühe Belege für diesen Wandel von Arbeit lassen sich in der Bibel als auch in Höhlenmalereien finden. Bereits das sokratische Höhlengleichnis im siebten Buch „Politeia" Platons, welches auf den Zeitraum 428 bis 347 v. Chr. datiert ist, zeugt für ein Verständnis von Bildung, welches das Individuum emanzipiert und durch ein höheres Verständnis/Wissen von Unmündigkeit befreit. Zu dieser Zeit, also in der Antike, unterschied man bereits zwei Arten von Bildung: zum einen „Poiesis" und „Techne", welche praktische Bildung zum gegenständlichen Herstellen bezeichnen, zum anderen „Padeia" und „Polis", welche kommunikatives Handeln in Gesellschaft und Politik bezeichnen und besser gestellten Bürgern vorbehalten waren. In der Antike galt tendenziell praktische Bildung dem Pöbel, während theoretische Bildung einer gesellschaftlichen Elite vorbehalten war. In der Agrargesellschaft, so ist es u.a. von heidnischen Kulturen als auch von Hochkulturen wie den Inka überliefert, galten Grund und Boden als zentraler Gegenstand der Arbeit. Im Mittelalter hingegen war die Ständegesellschaft weit verbreitet, in welcher Arbeit als soziales Allokationsinstrument genutzt wurde und man gemäß seines Standes eine betrieb-

---

[7] Online: http://www.s-hb.de/arbeitslehre/home%20page

[8] OBERLIESEN, R. (2011): Curriculare Integration arbeitsorientierter Bildung. Beispiel Kerncurriculum Beruf-Haushalt-Technik-Wirtschaft: Perspektive LehrerInnenbildun. In: bwp@ Spezial 5 – Hochschultage Berufliche Bildung 2011, Fachtagung 02, hrsg. v. FRIESE, M./ BENNER, I., 1-18. Online: http://www.bwpat.de/ht2011/ft02/oberliesen_ft02-ht2011.pdf (26-09-2011).

liche Ausbildung genießen konnte. Die Vorstufe der heutigen Meister-Lehrling-Konstellation war geboren. Jedoch war die betriebliche Ausbildung jener Zeit noch nicht standardisiert und die Vermittlung als auch Auswahl der theoretischen und praktischen Bildungsinhalte oblagen dem Meister. Auch das Fehlen der Schulpflicht sorgte für einen Bildungszensus und somit zu einer sehr heterogenen Vorbildung der Lehrlinge. In der darauffolgenden Epoche, dem Früh-kapitalismus, wurde Arbeit durch ihre soziotechnische und sozioökonomische Bedeutung verstanden. Eine allgemeine Schulpflicht diente der besseren Vorbereitung auf die Arbeit, verzichtete jedoch auf die nötige Vermittlung von Fachkenntnissen zur effektiven Verrichtung von Arbeit. Für Fachwissen war in jener Zeit in den Lehren von Comenius „Allen alles richtig lehren" kein Raum.

In der Industriegesellschaft unterlag der Arbeitsbegriff besonders raschem Wandel. Zu Beginn des 19.Jahrhunderts erreichte Friedrich von Humboldt als Bildungsminister die Umsetzung seiner Ideologie von Schule. Fortan sollten Lehrer künftig nicht durch Theologen bestellt werden, sondern in einem Lehrerstudium umfassend zum Lehrer ausgebildet werden. Seine Parole hieß anstatt „Allen alles gut lehren", „Allen eine Grundbildung ermöglichen, worauf das Individuum selbst bestimmt, welche Interessen es in der Schule vertiefen möchte".[9]

Mitte des 19.Jahrhunderts verbreitete Karl Marx durch seine kommunistische Betrachtung Arbeit als eine von der Natur gegebene Pflicht und Notwendigkeit zur Grundlage menschlichen Lebens. Nach Marx erhält der Mensch erst durch Arbeit seine Daseinsberechtigung, was auf ein rein auf Erwerbstätigkeit basierendes Selbstkonzept des Menschen schließen lässt. Humboldt legte durch sein Verständnis von Arbeit und Bildung den Grundstein für eine Spezialisierung nach eigenem Interesse, welches Kerschensteiner im weiteren Verlauf der Industriegesellschaft Anfang des 20.Jahrhunderts bei seinem Konzept von Arbeits- und produktionsschulen aufgriff, die theoretische und praktische Bildungsinhalte vermittelten. Kerschensteiners Auffassung nach sind Spontanität, Totalität, Betätigungsfreiheit, Wachstumsbewusstsein und Selbstprüfungsmöglichkeit Merkmale pädagogisch wirksamer Arbeit. Kerschensteiners Verbindung von theoretischen und praktischen Bildungsinhalten in der beruflichen Bildung ist als Vorreiter des heutigen handlungsorientierten Lernens zu bezeichnen. Im weiteren Verlauf der Industriegesellschaft griffen Volpert und Hacker im 20.Jahrhundert Kerschensteiners Bildungsideologie in ihrer Handlungsregulationstheorie auf. Sie konkretisierten, dass Kompetenz, Zufriedenheit und Identifikation mit zunehmender eigener Handlungsregulation steigen.

---

[9] Online: http://www.schiller-institut.de/seiten/erziehung/humboldt.htm

Mitte des 20.Jahrhunderts führte ein Wechsel von einer Industriegesellschaft zur Dienstleistungsgesellschaft zu einem Bildungsnotstand und starkem Fachkräftemangel. Dem begegnete man einerseits, indem man in Anlehnung an Herwig Blankertz die Trennung von allgemeiner und spezieller Bildung aufhob, somit also u.a. vielen Gesellen und Meistern eine Anerkennung ihrer Berufsausbildung als Hochschulzugangsberechtigung zugestand.[10] Außerdem wurde erkannt, dass die Volksschule reformbedürftig sei und, wie in den 60er Jahren realisiert, im Hinblick auf die Bedürfnisse der Arbeitgeber (Industrie, Handel, Dienstleistungsgewerbe) reformiert werden müsse. 1969 sprach die Kultusministerkonferenz eine Empfehlung zur Etablierung des Faches Arbeitslehre aus.[11] In den 70er Jahren wurde diese Empfehlung curricular etabliert, jedoch erst Mitte der 80er Jahre in Schulen unterrichtspraktisch umgesetzt. Arbeitsorientierte Bildung sollte fortan durch das Fach Arbeitslehre in der Schule unterrichtet werden, um Schüler auf ein Erwerbsleben nach der Schule vorzubereiten und den Dialog zu aktuellen Entwicklungen am Arbeitsmarkt zu öffnen. Das Bundesministerium für Bildung und Forschung (BMBF) sah sich im Jahr 2000 veranlasst, auf die neuen Anforderungen der Gesellschaft wie auch auf die wirtschaftlichen Veränderungen hinzuweisen.[12]

Die Arbeitswelt hatte sich zunehmend vom produzierenden Gewerbe hin zum Dienstleistungsgewerbe entwickelt. Dies bedeutete eine Neuausrichtung auch für die Schule. Lehrpläne mussten geändert und Ausbildungsformen neu abgestimmt werden. 2002 ging die KMK auf den Bericht des BMBF ein und beschloss eine Veränderung, Verbesserung und Modernisierung der Berufsausbildung sowie der Ausbildungsfähigkeit künftiger Schüler-/Innengenerationen.[13] Es folgten die Neuordnung des BBiG 2005 und der Innovationskreis Berufliche Bildung 2007. Die Notwendigkeit von Bildungsstandards innerhalb der arbeitsorientierten Bildung, zu der auch die Arbeitslehre zählt, fand im Kerncurriculum Beruf-Haushalt-Technik-Wirtschaft (BHTW) 2006 Aufmerksamkeit. Dieses setzt sich zur Aufgabe bundesweit u.a. neben Bildungsstandards in Schulen auch Bildungsstandards für die akademische Ausbildung von Arbeitslehrelehrern und -lehrerinnen zu etablieren.

Zusammenfassend lässt sich schlussfolgern, dass Arbeit sich in der Menschheitsgeschichte von einem sozial stigmatisierenden, durch Geburt auferlegten Übel, bzw. durch Geburtsrecht erworbenen machtverleihenden Privileg, zu einem Individuums zentrierten Begriff entwickelt hat, der individuelle Interessen und Fähigkeiten arbeitender Individuen berücksichtigt, und sich weiterentwickelt hat zu einem Begriff der heute stark mit Bildung kohäriert, sozial stig-

---

[10] Online: http://www.sowi-online.de/reader/berufsorientierung/dedering.htm
[11] Online: http://www.sowi-online.de/reader/berufsorientierung/dedering.htm
[12] Online: http://www.bmbf.de/pub/uekon.pdf
[13] Online: http://www.kmk.org/fileadmin/pdf/PresseUndAktuelles/2003/Jahresbericht2002_3.pdf

matisiert, und individuelle Interessen und Stärken des Individuums den Bedürfnissen des Arbeitsmarktes gegenüberstellt. Wettbewerb und Wettbewerbsfähigkeit nehmen heute in der Leistungsgesellschaft hinsichtlich des Arbeitsmarktes eine zentrale Position ein und weisen einen sozialen Status „winner or loser" zu. Der kontinuierliche, bereits historisch skizzierte Wandel der Arbeitswelt und der Bedeutung von Arbeit macht Bildungsstandards in der arbeitsorientierten Bildung nötig.

1.2.2 ...auf der Basis aktueller Problemstellungen

Der Arbeitsbegriff erfährt, wie unter Punkt 1.2.1 skizziert, durch ständigen gesellschaftlichen, wirtschaftlichen und technischen Wandel fortwährend Paradigmenwechsel, wodurch die arbeitsorientierte Bildung unter erhöhten Anpassungsdruck gerät, um anschlussfähig zu sein. Da der Arbeitsmarkt den Prinzipien der freien Marktwirtschaft folgt, welche die Kohärenz von Angebot und Nachfrage implizieren, muss die arbeitsorientierte Bildung sich an diesem Bedarf orientieren – zumal in der Bildung wie auch in der arbeitsorientierten Bildung durch die Zeitspanne zwischen Bildungsbeginn und Bildungsabschluss eine relativ hohe Totzeit gegeben ist, wegen der es notwendig ist, aktuelle Trends und Zukunftsentwicklungen am Arbeitsmarkt vorauszuahnen, um bereits heute auf künftige Bedürfnisse des Arbeitsmarktes hinarbeiten zu können, die für den Zeitpunkt eines Ausbildungsabschlusses zu antizipieren sind. Diese Bemühungen führen im Idealfall zu einer Profilierung der Bildungsangebote gemäß antizipierter Anforderungen eines künftigen Arbeitsmarktes. Die Beurteilung künftiger Entwicklungen auf dem Arbeitsmarkt als auch künftiger Paradigmenwechsel des Arbeitsbegriffes obliegt hierbei Fachkräften der beruflichen Bildung, wie Prof. Dr. Rolf Oberliesen und Prof. Dr. Marianne Friese, die Trends und Megatrends erkennen, analysieren und interpretieren gegenüber der Fachwelt und federführenden Politikern/innen. Die Erkenntnisse aus diesen Analysen münden bestenfalls in anschlussfähige Bildungsstandards, wie sie durch Mitwirkung von Prof. Dr. Rolf Oberliesen im Kerncurriculum BHTW2006 sowie im Bildungsgang „Arbeitsorientierte Bildung" an der TU Köln, und durch Initiative von Frau Prof. Dr. Marianne Friese im Curriculum des Unterrichtsfaches Arbeitslehre und der Berufspädagogik an der Justus Liebig-Universität in Gießen realisiert wurden. Prof. Dr. Rolf Oberliesen und Prof. Dr. Marianne Friese haben hierdurch auf den curricularen Nachhang der Curricula der Lehrer/innenausbildung gegenüber den Schulcurricula durch curriculare Neuformierung der Studiengänge Arbeitslehre und arbeitsorientierte Bildung reagiert und bilden Lehrkräfte nicht nur im Hinblick auf gegenwärtige Anforderungen der Arbeits- und Lebenswelt von Schülern und Schülerinnen aus, sondern leiten die angehenden Lehrkräfte auch dazu an, ihre Unterrichtsplanung kontinuierlich an künftigen Entwicklungen der Arbeits- und Lebensweltbedingungen auszurichten.

Die erfolgreiche curriculare Bewältigung aller genannten Problemstellungen bedarf eines Höchstmaßes an Organisation auf Seiten der an der Entwicklung der arbeitsorientierten Bildung beteiligten Institutionen auf Länder- und Bundesebene. Da Bildung in der BRD jedoch Ländersache ist, herrschen auch in der Arbeitslehre sehr heterogene Bildungsstandards unter den einzelnen Bundesländern.[14] Da der deutsche Arbeitsmarkt vor Ländergrenzen keinen Halt macht und sich bundesweit erstreckt, ist diese Heterogenität von Bildungsstandards sehr kontraproduktiv. Durchlässigkeit, Transparenz und eine bundeseinheitliche Qualitätssicherung der arbeitsorientierten Bildung sind dadurch stark eingeschränkt. In einer globalisierten Welt, im Kontext eines nach Einheit strebenden Europas und der damit verbundenen, durch EU-Rechte gesicherten Standards zwischen den EU-Mitgliedsstaaten, ist eigentlich kein Raum für derartige Heterogenität der Bildungsstandards zwischen deutschen Bundesländern. Auch wenn diese Bildungssouveränität im Grundgesetzt verankert ist, so bleibt abzuwarten, ob hiervon, wie bereits von vielen anderen Grundsätzen des Grundgesetzes, abgewichen werden muss, um zeitgemäß mit aktuellen Problemstellungen verfahren zu können. Studien wie die Pisa-, oder Shell Studie sowie die von der UN erlassene Behindertenrechtskonvention setzen eindeutige Signale an das deutsche Bildungssystem. Signifikant für die arbeitsorientierte Bildung ist insbesondere die Pisa Studie, denn getestet wurde in dieser Studie nach Normerwartungen der Wirtschaft, quasi stellvertretend im erweiterten Sinne für die Arbeitgeber am Arbeitsmarkt. Dass Deutschland in der Pisa Studie schlecht abschneidet, bescheinigt, dass sehr viele deutsche Jugendliche den Anforderungen der europäischen Wirtschaft, also den Anforderungen auf dem europäischen Arbeitsmarkt, nicht gewachsen sind. Was zunächst einen sinnbildlichen Schlag ins Gesicht der deutschen Bildungspolitik darstellt, betrifft insbesondere die arbeitsorientierte Bildung, denn diese fungiert als Schnittstelle zwischen Schule und Wirtschaft/Arbeitsmarkt und hat zur Aufgabe, Schüler auf die Erwartungen der Wirtschaft vorzubereiten. Dem zu Folge ist laut der Pisa Studie die arbeitsorientierte Bildung dieser Aufgabe nicht ausreichend nachgekommen. Während die Berufsausbildung im dualen System beispielsweise Gütekontrolle und Struktur, sowie Durchlässigkeit und Bildungsstandards durch die KMK, also auf Bundesebene, erfährt, bleibt die schulische Berufsbildung Ländersache. Arbeitsorientierte Bildung in der Schule bleibt von Standards, wie sie im BBiG auf Bundesebene manifestiert wurden, folglich unberührt. Dies wäre zumindest ein Erklärungsversuch

---

[14] FRIESE, M. (2011): Reformprojekt Arbeitslehre. Entwicklungen, Konzepte und Handlungsbedarfe. In: *bwp@* Spezial 5 – Hochschultage Berufliche Bildung 2011, Fachtagung 02, hrsg. v. FRIESE, M./ BENNER, I., 1-21. Online: http://www.bwpat.de/ht2011/ft02/friese_ft02-ht2011.pdf (26-09-2011).

dafür, dass Deutschland trotz nennenswerter Investition in Bildung so schlechte Ergebnisse in der Pisa Studie erzielt. Auch eine nähere Betrachtung der UN Behindertenrechtskonvention, welche Deutschland 2007 unterzeichnete und 2009 ratifizierte, bescheinigt dem deutschen Bildungssystem keine Lorbeeren. Obwohl Artikel 24, Artikel 26 und Artikel 27 für alle EU-Mitgliedsstaaten verbindlich vorgeben[15], dass Behinderung keine Hinderung an Bildungsteilhabe sein darf, wird dieses Recht behinderter Menschen auf Bildungsteilhabe im deutschen Schul- und insbesondere im deutschen Förderschulsystem missachtet. Es ist gängige Praxis, dass Schulpraktika zwar als Chance zur versuchsweisen Teilhabe am Arbeitsleben in der freien Wirtschaft genutzt werden, jedoch letzten Endes in der Regel (zu 95%) mit der Eingliederung in die WfbM Maßnahme (Werkstatt für behinderte Menschen) enden, welche ein Exklusions-, statt ein Inklusions- und Partizipationsziel erwirkt.[16] Diese Schlussfolgerung stützt sich auf die Tatsache, dass 98% der behinderten Menschen der WfbM nicht auf dem freien Arbeitsmarkt vermittelt werden und in den WfbM unter Ihresgleichen verharren.[17] An dieser Stelle, wie auch zuvor in der Schule, wäre es Ziel der arbeitsorientierten Bildung für nachhaltige Partizipation am Arbeitsleben in der freien Wirtschaft zu sorgen und behinderte Menschen auf dem Weg dorthin anzuleiten und zu begleiten. Eine curriculare Vereinigung der Schulbildung auf Bundesebene, so wie es im dualen System der beruflichen Bildung durch das BBiG erreicht wurde, würde Möglichkeiten erschließen, derartige Probleme elementar und zentral zu behandeln, orientiert an europäischen Standards. Eine curriculare Vereinigung auf Bundesebene der berufsorientierten Schulbildung, wie sie beispielsweise durch das Fach Arbeitslehre vertreten ist, erschließt die Möglichkeiten einer an Bildungsstandards orientierten und im Hinblick auf künftige Anforderungen des Arbeitsmarktes anschlussfähigen berufsorientierten Bildung.

---

[15] Online: http://www.institut-fuer-menschenrechte.de/fileadmin/user_upload/PDF-Dateien/Pakte_Konventionen/CRPD_behindertenrechtskonvention/crpd_de.pdf

[16] TROST, Rainer & Simone SCHÜLLER, 1992, Beschäftigung von Menschen mit geistiger Behinderung auf dem allgemeinen Arbeitsmarkt. Eine empirische Untersuchung zur Arbeit der Eingliederungsinitiativen in Donaueschingen und Pforzheim, herausgegeben vom Landeswohlfahrtsverband Baden, Walldorf (Integra Verlag)

[17] ISB – Gesellschaft für Integration, Sozialforschung und Betriebspädagogik, 2002, Bestandsaufnahme und Perspektiven des Übergangs aus den Werkstätten für behinderte Menschen. Ergebnisbericht zur Befragung der Werkstätten für behinderte Menschen, der überörtlichen Träger der Sozialhilfe, der Bundesanstalt für Arbeit und der Bundesarbeitsgemeinschaft der Integrationsämter und Hauptfürsorgestellen im Auftrag des Bundesministeriums für Arbeit und Sozialordnung, Berlin

2. Curriculare Integration arbeitsorientierter Bildung am Beispiel des Kerncurriculum Beruf-Haushalt-Technik-Wirtschaft (2006)

2.1 Ausgangsproblematik und Folgen

2.1.1 Curricula der Lehrer/Innenbildung hängen schulischen Curricula nach

Rolf Oberliesen beklagt, dass Curricula der Lehrer/innenbildung den schulischen Curricula nachhängen. Und in der Tat erfuhren schulische Curricula, gerade im Zeitraum nach der Pisa Studie, fortwährend Reformation, während dies in den meisten Hochschulen bzgl. der Lehrer/innenbildung nicht geschah. Erst die Bologna-Prozesse brachten im Zuge der Modularisierungen der Lehramtsstudiengänge Bewegung in deren curriculare Gestaltung. Diese Modularisierung von Studiengängen wurde individuell, meist in Eigenregie der Universitäten, organisiert und anschließend von einem externen Gremium ratifiziert. Auf der fachlichen Seite wurden aktuelle Bildungsstandards in die curriculare Ausgestaltung einbezogen. Die Anschlussfähigkeit der Bildungsgänge wurde dabei jedoch außer Acht gelassen. Man begriff, dass Hochschulcurricula an den aktuellen Bedürfnissen von Gesellschaft und Wirtschaft auszurichten seien, unterschlug jedoch, dass diese Bedürfnisse sich fortwährend ändern und ein anschlussfähiger Bildungsgang auch auf den adäquaten Umgang mit solchen Änderungen vorbereiten muss. Den Umstand, dass die curriculare Ausgestaltung der Studiengänge Arbeitslehre und Berufspädagogik an der Justus-Liebig-Universität in Gießen von zukünftigen Entwicklungen in der Arbeitslehre und der Berufspädagogik ausgeht und angehende Lehrerinnen bereits ab der ersten Lehrveranstaltung auf die Bewältigung dieses Umstandes vorbereitet, ist zum einen dem raschen Wandel des Arbeitsmarktes zu verdanken, der kontinuierlich Modifizierungen der Arbeitslehre und Berufspädagogik bedingt, jedoch in diesem Kontext insbesondere Prof. Dr. Friese, welche die Problematik der Anschlussfähigkeit erkannt und die genannten Curricula entsprechend formiert hat.

Ohne Gewährleistung einer anschlussfähigen Lehrer/innenbildung würde schulischer Alltag geprägt sein von mangelndem Lebensweltbezug im Unterricht und ausbleibender anschlussfähiger und nachhaltiger Kompetenzentwicklung bei den SuS. Denn wie Prof. Dr. Rolf Oberliesen betont, ist es nicht nur Aufgabe der Lehrkräfte Unterrichtsgestaltung den aktuellen Entwicklungen, sondern auch der Lebenswelt der Schüler und Schülerinnen anzupassen. Anderenfalls hätte man Bildungsinhalte mit Aktualitätsbezug, aber ohne Lebensweltbezug, sodass Bildung nicht für die Zukunft der Schülerinnen und Schüler anschlussfähig gemacht wird und keine nachhaltige Kompetenzentwicklung bei den Schülern und Schülerinnen stattfindet.[18]

3. Umsetzung der curricularen Integration arbeitsorientierter Bildung…

3.1 …am Beispiel des Curriculums des Studienganges „arbeitsorientierte Bildung" unter der Regie von Prof. Dr. Rolf Oberliesen

3.1.1 Oberliesens Forderungen in der arbeitsorientierten Bildung

Prof. Dr. Rolf Oberliesen fordert eine curriculare Integration der arbeitsorientierten Bildung zur Qualitätssicherung von Bildungsangeboten unter Einbeziehung von Bildungsstandards. Weiterhin verspricht sich Oberliesen durch eine curriculare Integration eine Modernisierung der arbeitsorientierten Bildung, in dem diese inhaltlich, organisatorisch, didaktisch und methodisch an Veränderungen in Beruf Haushalt Technik und Wirtschaft angepasst wird. Er fordert einen Abbau heterogener Bildungsangebote und spricht sich für bundeseinheitliche Bildungsstandards in der arbeitsorientierten Bildung aus. Außerdem fordert er eine systematische und in ihrer Wirkung nachhaltige Kompetenzvermittlung durch einheitliche Bildungsstandards. Die Unterrichtsinhalte müssen systematisch mit der Lebensweltrealität der Schüler und Schülerinnen verzahnt und verknüpft werden. Hierzu müsse auf disziplinorientiertes Lernen zurückgegriffen werden und arbeitsorientierte Reallebenssituationen einbezogen werden. Die fehlende länderübergreifende Vermittlung von Kernkompetenzen und -inhalten könnte außerdem durch Bildungsstandards behoben werden. Weiterhin müsse Ziel der arbeitsorientierten Bildung, neben der Vermittlung von Fachwissen, die Bewältigung einer individualisierten Lebensführung und somit die Befähigung zu gesellschaftlicher Partizipation und Mitbestimmung sein.

---

[18] OBERLIESEN, R. (2011): Curriculare Integration arbeitsorientierter Bildung. Beispiel Kerncurriculum Beruf-Haushalt-Technik-Wirtschaft: Perspektive LehrerInnenbildun. In: *bwp@* Spezial 5 – Hochschultage Berufliche Bildung 2011, Fachtagung 02, hrsg. v. FRIESE, M./ BENNER, I., 1-18. Online: http://www.bwpat.de/ht2011/ft02/oberliesen_ft02-ht2011.pdf (26-09-2011).

3.1.2 Lösungsansätze Oberliesens im Curriculum des Studienganges „arbeitsorientierte Bildung"

Zur Umsetzung seiner Ziele fokussiert Prof. Dr. Rolf Oberliesen diverse Modelle als Kern der arbeitsorientierten Bildung. Eines ist das Domänenstrukturierte Modell, welches auf die Teildomänen Haushalt, Technik und Wirtschaft fußt, die als gemeinsame Schnittmenge die Teildomäne Arbeit und Beruf besitzen. Oberliesen zielt darauf ab, dass die arbeitsorientierte Bildung diese sich inhaltlich überschneidenden Domänen bedingt, welche wiederum sich um den zentralen Gegenstand „Arbeit und Beruf" der arbeitsorientierten Bildung drehen. Die Bildungsziele und Inhalte dieser Domänen seien aufeinander abzustimmen und domänenübergreifend zu vermitteln.[19]

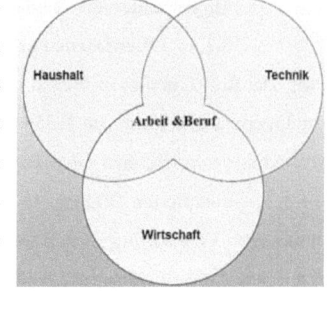

Ein weiteres Modell, welches Oberliesen für die arbeitsorientierte Bildung im von ihm entwickelten Curriculum des Studienganges „arbeitsorientierte Bildung" favorisiert, ist das Modell einer lernbereichs- und kontextbezogenen Kompetenzentwicklung. Einen übergeordneten Lernbereich betrachtet er danach aus lebenspraktischer Perspektive, universeller Perspektive und der Perspektive arbeitsorientierter Allgemeinbildung. Der übergeordnete Lernbereich wird außerdem aus der Perspektive diverser Kontexte arbeitsbezogen, mit Perspektive auf das soziale Leben und selbstbestimmte Lebensführung betrachtet, um eine Ausrichtung der Bildungsinhalte auf Bildungsziele zu gewährleisten.[20]

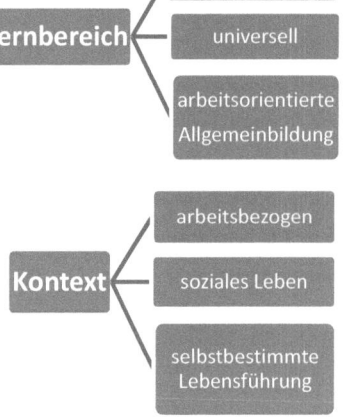

Ein weiteres Modell nutzt Oberliesen, um die Wechselwirkungen zwischen Bildungszielen und Inhaltsfeldern zu systematisieren. Dabei wird dargestellt, dass aus Inhaltsfeldern ein breites Spektrum an Kerninhalten herausgearbeitet wird, welches auf Bildungsziele hin zugeschnitten wird. Bildungsziele umfassen wiederum ein breites Spektrum an Kompetenzberei-

---

[19] Text-&Bildquelle: vgl. ebd.
[20] vgl. ebd.

chen und Bildungsstandards, welche auf die In-
haltsfelder des jeweiligen Curriculums bzw. des
jeweiligen Faches oder der jeweiligen Domäne
hin zugeschnitten werden. So wird eine Passung
zwischen Bildungszielen und Inhaltsfeldern unter
Berücksichtigung von Kompetenzbereichen, Bildungsstandards und Kerninhalten gesichert und
hierdurch eine Qualitätssicherung auf curricularer
Ebene geschaffen.[21]

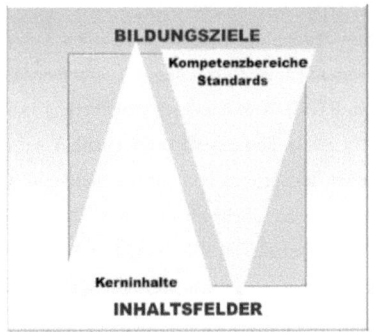

Das Modell der Dimensionen des Kerncurriculums BHTW, welches Oberliesen auch als
Modell der Dimensionen seines Curriculums „arbeitsorientierte Bildung" nutzt, ist sehr
komplex. Es beschreibt das in einem Curriculum zu realisierende Zusammenspiel von
Teildomänen der arbeitsorientierten Bildung mit kontextbezogenen Lernbereichen unter
Berücksichtigung der Kompetenzentwicklung und der durchlaufenen Niveaustufen
systematisierte Problemlösungen. Dieses Modell dient zum einen der Entwicklung als auch
der Evaluation von Curricula. Es ist ein gutes Modell, um systematisch überprüfen zu können,
ob Lernziele einer Domäne alle Lernbereiche behandeln, eine abgeschlossene
Kompetenzentwicklung bewerkstelligen und somit adäquat erreicht werden.[22]

Dimensionen des Kerncurriculums BHTW

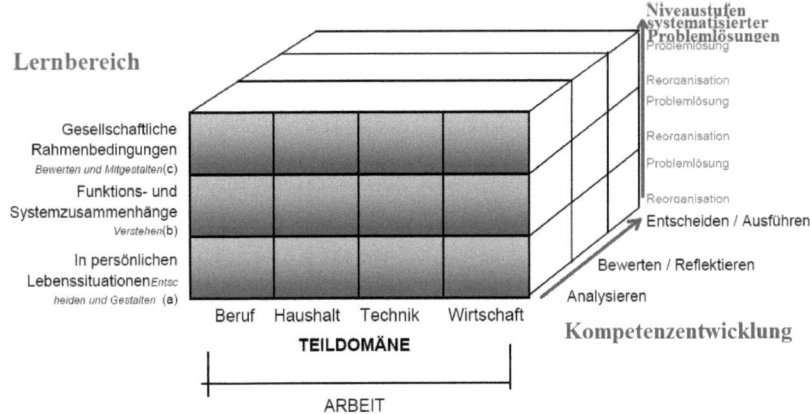

Bildquelle: http://www.bwpat.de/ht2011/ft02/oberliesen_ft02-ht2011.pdf

---

[21] Text-&Bildquelle Online: vgl. ebd.
[22] vgl. ebd.

Neben diesen Modellen hat Prof. Dr. Oberliesen curriculare Grundsätze formuliert, welche eine seiner Ansicht nach optimale Ausbildung von Lehrer/innen gewährleisten. So fordert er die Schaffung einer homogenen, anschlussfähigen Lehrer/innenausbildung durch strenge Anlehnung an das Kerncurriculum BTHW 2006 bei der Akkreditierung von Bildungsgängen der arbeitsorientierten Bildung. Außerdem müsse die Perspektive im Hinblick auf die Lehrer/innenbildung lernfeldbezogen, domänenstrukturiert, kompetenz- und lernorientiert sein. Unter einem Lernfeldbezug versteht Oberliesen die Betrachtung der arbeitsorientierten Bildung bezogen auf Lernfelder der Domänen Beruf, Haushalt, Technik, Wirtschaft, unter der Leitidee „Wandel von Arbeit & Gesellschaft" in Annäherung an die komplexe Lebenswelt der Schüler zur besseren Ergründung lebenspraktischer Lernfelder. Unter einer domänenstrukturierten Perspektive versteht Oberliesen die, gemäß der jeweiligen Domäne, berufsbezogene, haushaltsbezogene, technologische oder ökonomische fachliche und didaktische Aufarbeitung von Bildungsinhalten, was eine fachliche Profilierung der Lehrkräfte zur Folge hat. Unter einer kompetenorientierten Perspektive versteht Oberliesen die individuelle Ausrichtung von Unterricht auf die Lebenssituationen der Schüler/innen unter Berücksichtigung von verbindlichen Kompetenzzielen. Hierbei sind die zu erreichenden Kompetenzen vorgegeben, während der Weg zur Erreichung selbiger von der Lehrkraft gewählt wird, in Anlehnung an eine Lebensweltrelevanz der Schüler. Die kompetenzorientierte Gestaltung von schulischem Lernen wird angehenden Lehrern anhand eines komplexen Kompetenzmodells in deren Ausbildung vermittelt. Unter einer lernorientierten Perspektive der Lehrer/innenbildung versteht Oberliesen, dass angehende Lehrkräfte lernen, in curricularer Offenheit für unterschiedliche Organisation arbeitsorientierter Lernprozesse zu agieren. Sie sollen arbeitsorientierte Lebenszusammenhänge verschiedener Kompetenzfelder und Niveaustufen der Schüler aufgreifen, um ihnen den Lerngegenstand besser zugänglich zu machen. Die Lehrkraft soll Trends in der Lebenswelt der Schüler, als auch Trends der Praxis von Arbeit erkennen und für den Unterricht brauchbar machen.[23]

4. Exkurs:

4.1 Lehnt sich die „SchuB-Maßnahme" an das Kerncurriculum B-H-T-W (2006) an?

Um die Fragestellung nach einer Passung zwischen der Organisation der SchuB-Maßnahme und dem Kerncurriculum BHTW(2006) beantworten zu können, soll zunächst ein Überblick über die SchuB-Maßnahme gegeben werden. Die Abkürzung „SchuB" steht für „Lernen und Arbeiten in Schule und Betrieb". Die Maßnahme richtet sich an schulmüde Hauptschüler, denen durch besondere Rahmenbedingungen der Erwerb des Hauptschulabschlusses ermöglicht werden soll. Die besonderen Rahmenbedingungen, welche der Entwicklung der Schüler und Schülerinnen entgegenkommen, bestehen in abwechselnden Theorie- und Praxisphasen.

---

[23] vgl. ebd.

Drei Tage in der Woche werden die Schüler und Schülerinnen in der Schule in Fächerverbünden nach Lernbereichen projektorientiert unterrichtet. Die Besonderheit an diesem kompetenzorientierten Unterricht ist, dass Klassen maximal 12 bis 15 Schüler und Schülerinnen fassen, sozialpädagogisch begleitet werden und Schüler und Schülerinnen individuelle Förderung erhalten. Diesen drei theoretischen Tagen stehen zwei Praxistage pro Woche gegenüber, in denen Schüler und Schülerinnen theoretisches Wissen zur Lösung praktischer Problemstellungen in Betrieben anwenden müssen.[24]

Besonders interessant für eine Kontrastierung mit dem Kerncurriculum BHTW(2006) ist die Maßnahme, da sie da ansetzt, wo Bemühungen zur Befähigung zur Erwerbstätigkeit durch einen Schulabschluss seitens der Arbeitslehre und der Schule im Allgemeinen bereits gescheitert sind. Somit verspricht die SchuB-Maßnahme im Hinblick auf die arbeitsorientierte Bildung und konkret im Hinblick auf die Brauchbarmachung für die berufliche Erwerbsarbeit, die Güte der schulischen Bildungsorganisation zu übertreffen. Ob die Organisation der SchuB-Maßnahme jedoch auch den curricularen Anforderungen des Kerncurriculums BHTW2006 und somit den Ansprüchen Oberliesens gerecht wird, soll an dieser Stelle näher betrachtet werden. Da die SchuB-Maßnahme aktuelle Bildungsstandards der Hauptschule theoretisch im Unterricht aufgreift, für Projektarbeit aufbereitet und anschließend im Betrieb der praktischen Anwendung unterzieht, ist Oberliesens Forderung nach der Einhaltung von Bildungsstandards erfüllt. Auch die Forderung nach nachhaltiger, anschlussfähiger arbeitsorientierter Bildung wird durch die betriebliche Praxis, die realitätsnah auf künftige berufliche Praxis vorbereitet, erfüllt. Die Verknüpfung von persönlichen Interessen, allgemeinbrauchbarem Weltwissen und arbeitsorientierter Allgemeinbildung in der SchuB-Maßnahme erfüllen Oberliesens Modell der lernbereichsbezogenen Kompetenzentwicklung. Da die Bildungsinhalte der SchuB-Maßnahme arbeitsbezogen sind, soziales Leben im Betrieb regelmäßig erfahren wird und eine selbstbestimmte Lebensführung der Schülerinnen und Schüler Ziel der Maßnahme ist, wird auch Oberliesens Modell der kontextbezogenen Kompetenzentwicklung erfüllt. Nachfolgend ist zu prüfen, ob die SchuB-Maßnahme auch Oberliesens höchste Hürde, das vollständige Durchlaufen der Dimensionen des Kerncurriculums BHTW2006, nimmt. Die Teildomänen Beruf, Technik und Wirtschaft werden durchlaufen. Inwiefern dies auch praktisch im Betrieb erfolgt, hängt von den jeweiligen betrieblichen Angeboten ab.

Auch die Lernbereichsdimension wird vollständig durchlaufen, da der Projektunterricht der persönlichen Lebenswelt angepasst ist, Funktions- und Systemzusammenhänge sowohl praktisch als auch theoretisch verstanden werden und sowohl durch betriebliche Erfahrungen als

---

[24] Online: http://hauptschule.bildung.hessen.de/SchuB/was_ist_schub.htm

auch durch Projektunterricht gesellschaftliche Rahmenbedingungen, sowie Mitgestaltungs-möglichkeiten erkannt werden. Die durch organisiertes und strukturiertes Lernen erworbenen Kompetenzen werden sowohl in der Schule theoretisch als auch im Betrieb praktisch zur systematischen Problemlösung genutzt. Somit sind alle Dimensionen des Kerncurriculums BHTW2006 erfüllt. Die Verflechtung von Domänenstrukturiertheit, theoretischen Inhalten der Schule und praktischen Inhalten des Betriebes wird in nachfolgender Grafik skizziert.

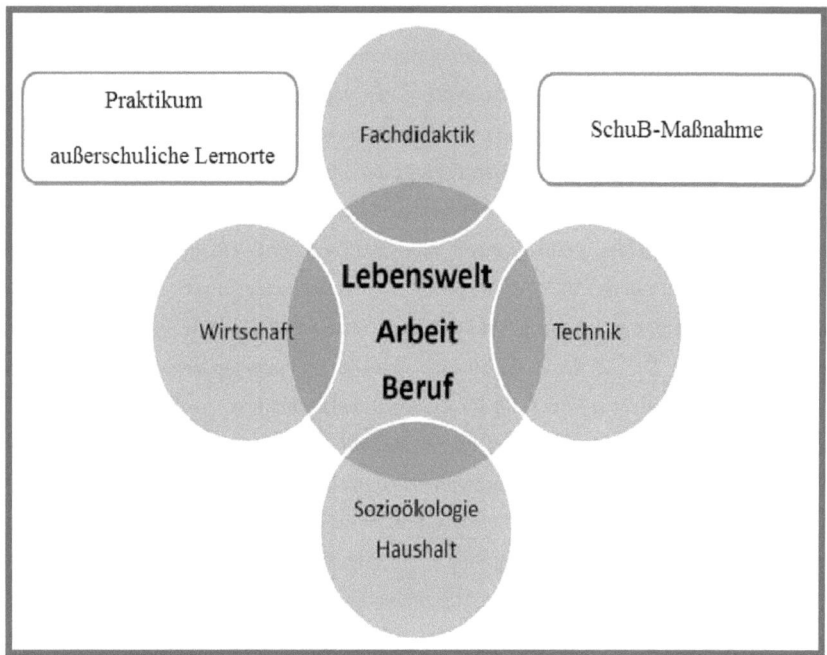

Abb. in Anlehnung an: http://www.bwpat.de/content/uploads/RTEmagicC_a8_04.jpg.jpg

4.2 Lehnt sich das Curriculum Arbeitslehre der Justus-Liebig-Universität Gießen an das Kerncurriculum B-H-T-W (2006) an?

Die Frage nach Parallelen zwischen dem Curriculum Arbeitslehre der Justus-Liebig-Universität Gießen und dem Kerncurriculum BHTW2006 sprengt den Rahmen dieser Ausarbeitung und soll an dieser Stelle deshalb nur sehr oberflächlich beleuchtet werden. Außerdem ist dieses Curriculum Arbeitslehre dem benannten Kerncurriculum BHTW2006 eventuell sogar voraus, da es aktueller ist und somit auch einen stärkeren Gegenwartsbezug aufweisen könnte, was jedoch zu beweisen ist.

Vergleicht man die beiden Curricula miteinander, so sticht die Domänenorientiertheit sofort als Gemeinsamkeit ins Auge. Diesen Eindruck bestätigen Frau Prof. Dr. Friese und Frau Benner in ihrem Beitrag „Reformprojekt Arbeitslehre. Entwicklungen, Konzepte und Handlungsbedarfe" zu den Hochschultagen Berufliche Bildung im Jahre 2011. Am deutlichsten wird die Domänenstrukturiertheit des Curriculums des Studienganges Arbeitslehre der Justus-Liebig-Universität Gießen an einer der veröffentlichten Abbildungen. Diese zeigt Lebenswelt, Arbeit und Beruf verknüpft mit den Teildomänen Wirtschaft, Sozioökologie & Haushalt, Technik und Fachdidaktik.[25] Auf eine weitergehende Betrachtung wird an dieser Stelle verzichtet.

5. Fazit:

Eine bundesweit einheitliche Ausrichtung von Bildungsgängen der arbeitsorientierten Bildung an einem gemeinsamen Kerncurriculum ist ein entscheidender Schritt in Richtung einheitlicher Bildungsstandards, sowie bundesweiter Transparenz und Durchlässigkeit selbiger. Zudem sichert dies die Berücksichtigung von Wandel der Lebens- und Arbeitsverhältnisse und die Anschlussfähigkeit des Lehrgegenstandes. Zudem ist eine solche curriculare Ausrichtung kontinuierlichem Aktualitätsbezug zu unterziehen und gegebenenfalls aktuellen gesellschaftlichen Veränderungen anzupassen. Aktuell sollte insbesondere die UN Behindertenrechtskonvention in der curricularen Ausgestaltung von Bildungsgängen in der arbeitsorientierten Bildung berücksichtigt werden.

---

[25] FRIESE, M. (2011): Reformprojekt Arbeitslehre. Entwicklungen, Konzepte und Handlungsbedarfe. In: *bwp@* Spezial 5 – Hochschultage Berufliche Bildung 2011, Fachtagung 02, hrsg. v. FRIESE, M./ BENNER, I., 1-21. Online: http://www.bwpat.de/ht2011/ft02/friese_ft02-ht2011.pdf (26-09-2011).

Literaturverzeichnis

FRIESE, M. (2011): Reformprojekt Arbeitslehre. Entwicklungen, Konzepte und Handlungs-bedarfe. In: *bwp@* Spezial 5 – Hochschultage Berufliche Bildung 2011, Fachtagung 02, hrsg. v. FRIESE, M./ BENNER, I., 1-21. Online: http://www.bwpat.de/ht2011/ft02/friese_ft02-ht2011.pdf (26-09-2011).

ISB – Gesellschaft für Integration, Sozialforschung und Betriebspädagogik, 2002, Bestands-aufnahme und Perspektiven des Übergangs aus den Werkstätten für behinderte Menschen. Ergebnisbericht zur Befragung der Werkstätten für behinderte Menschen, der überörtlichen Träger der Sozialhilfe, der Bundesanstalt für Arbeit und der Bundesarbeitsgemeinschaft der Integrationsämter und Hauptfürsorgestellen im Auftrag des Bundesministeriums für Arbeit und Sozialordnung, Berlin

KecuBHTW (Kerncurriculum Beruf-Haushalt-Technik-Wirtschaft) (2006). Online: www.sowi-online.de; www.jsse.org/2006/2006-3/interdisziplinaere-arbeitsgruppe-bhtw (18-05-2011).

OBERLIESEN, R. (2011): Curriculare Integration arbeitsorientierter Bildung. Beispiel Kerncurriculum Beruf-Haushalt-Technik-Wirtschaft: Perspektive LehrerInnenbildun. In: *bwp@* Spezial 5 – Hochschultage Berufliche Bildung 2011, Fachtagung 02, hrsg. v. FRIESE, M./ BENNER, I., 1-18. Online: http://www.bwpat.de/ht2011/ft02/oberliesen_ft02-ht2011.pdf (26-09-2011).

Tenorth, H.-E. , Tippelt, R. (Hrsg.): *Lexikon Pädagogik*. Weinheim 2007, 137

TROST, Rainer & Simone SCHÜLLER, 1992, Beschäftigung von Menschen mit geistiger Behinderung auf dem allgemeinen Arbeitsmarkt. Eine empirische Untersuchung zur Arbeit der Eingliederungsinitiativen in Donaueschingen und Pforzheim, herausgegeben vom Landeswohlfahrtsverband Baden, Walldorf (Integra Verlag).

Internetquellenverzeichnis:

http://www.duden.de/suchen/dudenonline/curriculum

http://czenkusch.net/gatwu/documents/paper/2007_1.pdf

www.jsse.org/2006/2006-3/interdisziplinaere-arbeitsgruppe-bhtw

http://www.s-hb.de/arbeitslehre/home%20page

http://www.kibb.de/cps/rde/xbcr/SID-0095C1E8-02159330/kibb/HT2011_FT02_Oberliesen.pdf

http://www.s-hb.de/arbeitslehre/home%20page

http://www.schiller-institut.de/seiten/erziehung/humboldt.htm

http://www.sowi-online.de/reader/berufsorientierung/dedering.htm

http://www.sowi-online.de/reader/berufsorientierung/dedering.htm

http://www.bmbf.de/pub/uekon.pdf

http://www.kmk.org/fileadmin/pdf/PresseUndAktuelles/2003/Jahresbericht2002_3.pdf

http://www.institut-fuer-menschenrechte.de/fileadmin/user_upload/PDF-Dateien/Pakte_Konventionen/CRPD_behindertenrechtskonvention/crpd_de.pdf

http://hauptschule.bildung.hessen.de/SchuB/was_ist_schub.htm

Begriffsdefinitionen:
Curriculum = Lehrplan der verbindliche am Ablauf von Lehr- und Lernprozessen orientierte Lehrinhalte und Lehrziele vorschreibt. Bildungsordnung.
Kerncurriculum= Ein von der KMK auf fachliche, prozessbezogene, personale & soziale Kompetenzen systematisiertes und auf wesentliche Bildungsstandards reduziertes Curriculum.
Arbeitsorientierte Bildung [AoB]= *allgemein:* aus verschiedenen Blickwinkeln auf Arbeit fokussierte Allgemeinbildung; *im speziellen:* ein modularisierter Bildungsgang der Universität Bremen mit Ähnlichkeit zum Bildungsgang Arbeitslehre (in Bremen WAT)

Curriculare Integration arbeitsorientierter Bildung:
Problemstellung: Curricula der Lehrer/innenausbildung hängen den schulischen Curricula nach. →mangelnder Bezug zur Lebenswelt der Schüler, keine anschlussfähige (nachhaltige) Kompetenzentwicklung bei den Schülern.
Anbahnung einer Lösung: In Anlehnung an das Kerncurriculum BHTW fordert R. Oberliesen eine curriculare Integration arbeitsorientierter Bildung:
-Bildungsstandards zur Qualitätssicherung und zur bundesweiten Homogenisierung AoB
-Unterrichtsinhalte sowie Schüler-Lebensrealität systematisch verzahnt und verknüpft
- Befähigung der Schüler zu gesellschaftl. Partizipation und Mitbestimmung
- Befähigung zur Bewältigung einer individualisierten Lebensführung

- **Lernbereichs- und Kontextbezogene Kompetenzentwicklung**
- **Strukturmuster des Kerncurriculums BHTW 200**

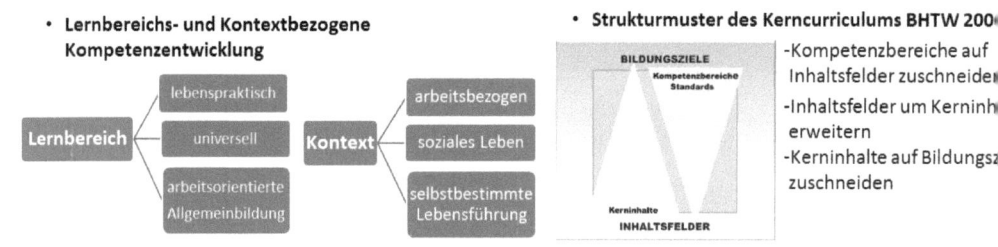

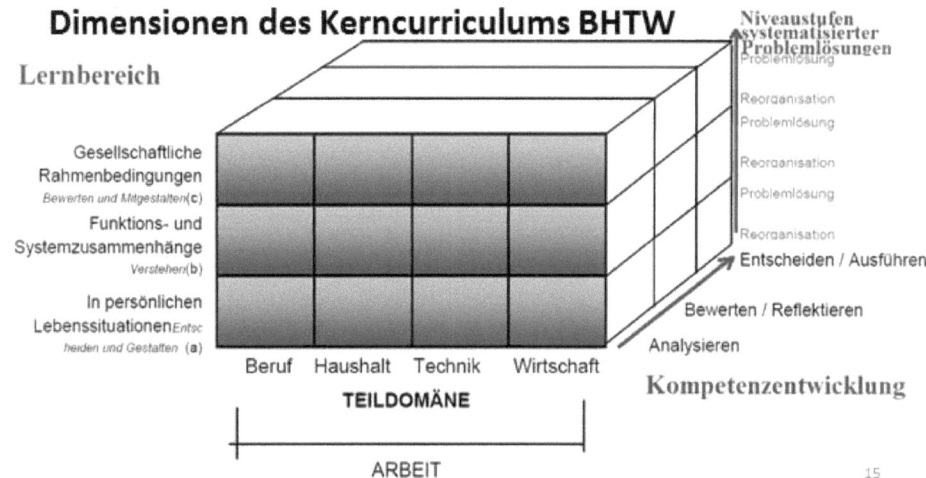

Bildquelle: http://www.bwpat.de/ht2011/ft02/oberliesen_ft02-ht2011.pdf

Gruppenarbeit A:
Verfolgt die Fördermaßnahme „SchuB" die allgemeinen Forderungen von Rolf Oberliesen an Unterricht in der arbeitsorientierten Bildung?
Forderungen von R. Oberliesen auszugsweise zur Erinnerung:
-Bildungsstandards zur Qualitätssicherung und zur bundesweiten Homogenisierung AoB
-Unterrichtsinhalte sowie Schüler-Lebensrealität systematisch verzahnt und verknüpft
- Befähigung der Schüler zu gesellschaftl. Partizipation und Mitbestimmung
- Befähigung zur Bewältigung einer individualisierten Lebensführung
-...

Kurzinformation zu SchuB:

* Fördermaßnahme für Schulmüde Hauptschüler (Schulversager)
* 3 Tage (18-21WS) Unterricht in der Schule und 2 Tage (16WS) Lernen und Arbeiten im Betrieb
* Klassen mit nur 12 bis 15 Schüler/-innen
* kompetenzorientierter Unterricht und individuelle Förderung
* Unterricht in Fächerverbünden nach Lernbereichen (LB)
* projektorientierter Unterricht
* sozialpädagogische Begleitung

Gruppenarbeit C:
Verfolgt die Fördermaßnahme „SchuB" Rolf Oberliesens Forderung nach einer
„Lernbereichs- und Kontextbezogenen Kompetenzentwicklung" in der
arbeitsorientierten Bildung?
Hinweis: Das nachstehend skizzierte Modell der „lernbereichs- und kontextbezogenen
Kompetenzentwicklung „ finden Sie vergrößert im Handout!

Kurzinformation zu SchuB:

- Fördermaßnahme für Schulmüde Hauptschüler (Schulversager)
- 3 Tage (18-21WS) Unterricht in der Schule und 2 Tage (16WS) Lernen und Arbeiten im Betrieb
- Klassen mit nur 12 bis 15 Schüler/-innen
- kompetenzorientierter Unterricht und individuelle Förderung
- Unterricht in Fächerverbünden nach Lernbereichen (LB)
- projektorientierter Unterricht
- sozialpädagogische Begleitung

Gruppenarbeit B:
**Folgt die Fördermaßnahme „SchuB" Rolf Oberliesens Forderung einer an den
Dimensionen des Kerncurriculums BHTW orientierten arbeitsorientierten Bildung?**
Hinweis: Das nachstehend skizzierte Modell der „Dimensionen des Kerncurriculums BHTW„
finden Sie vergrößert im Handout!

Bildquelle: http://www.bwpat.de/ht2011/ft02/
oberliesen_ft02-ht2011.pdf

Kurzinformation zu SchuB:

- Fördermaßnahme für Schulmüde Hauptschüler (Schulversager)
- 3 Tage (18-21WS) Unterricht in der Schule und 2 Tage (16WS) Lernen und Arbeiten im Betrieb
- Klassen mit nur 12 bis 15 Schüler/-innen
- kompetenzorientierter Unterricht und individuelle Förderung
- Unterricht in Fächerverbünden nach Lernbereichen (LB)
- projektorientierter Unterricht
- sozialpädagogische Begleitung